ÉTUDES DE PHILOSOPHIE NATURELLE
3me SÉRIE : N° 9

DU

PÉCHÉ ORIGINEL

ET DE

SON IRRÉMISSIBILITÉ

PAR

J.-ÉMILE FILACHOU

Docteur ès-Lettres.

*Ubi abundavit delictum,
superabundavit gratia...*
Rom. V, 20.

MONTPELLIER
Félix SEGUIN, Libraire-Éditeur
Rue Argenterie, 25

PARIS
DURAND & PEDONE-LAURIEL
Rue Cujas, 9.

1880

Suite des Ouvrages du même Auteur

N° 10. Classification raisonnée des Sciences naturelles. 1 vol. in-12.

2ᵉ SÉRIE : N° 1. La mécanique de l'esprit conforme aux principes de la classification rationnelle. 1 vol. in-12.

N° 2. Organisation et unification des sciences naturelles. 1 vol. in-12.

N° 3. L'Histoire naturelle éclairée par la théorie des axes (avec planche). 1 vol. in-12.

N° 4. La mécanique de l'esprit par la trigonométrie. 1 vol. in-12.

N° 5. La Classification rationnelle et le Calcul infinitésimal. 1 vol. in-12.

N° 6. La Classification rationnelle et la Phénoménologie transcendante (avec planche). 1 vol. in-12.

N° 7. La Classification rationnelle et la Géologie (avec planche). 1 vol. in-12.

N° 8. La Classification rationnelle et la Pragmatologie psychologique. 1 vol. in-12.

N° 9. La Classification rationnelle et la Pneumatologie mécanique. 1 vol. in-12.

N° 10. Éléments de Psychologie mathématique. 1 vol. in-12.

3ᵉ SÉRIE : N° 1. Identité du Subjectif et de l'Objectif (avec planche). 1 vol. in-12.

N° 2. Le vrai système général de l'Univers. 1 vol. in-12.

N° 3. Origine des Météorites et autres corps célestes. 1 vol. in-12.

N° 4. Sources naturelles du Surnaturel. 1 vol. in-12.

N° 5. Prodrome de Chimie rationnelle. 1 vol. in-12.

N° 6. Du premier instant dans la série des êtres et des événements. 1 vol. in-12.

N° 7. Fins et moyens de Cosmologie rationnelle. 1 vol. in-12.

N° 8. De la contradiction en philosophie mathématique. 1 vol. in-12.

Montpellier. — Typogr. BOEHM et FILS.

ÉTUDES DE PHILOSOPHIE NATURELLE

3ᵐᵉ Série : N⁰ 9

DU

PÉCHÉ ORIGINEL

ET DE

SON IRRÉMISSIBILITÉ

POUR PARAITRE SUCCESSIVEMENT :

Nº 10. Transcendance et variabilité des idées réelles. 1 vol. in-12.

4ᵉ SÉRIE : Nº 1. Grâce et Liberté, fondements du monde visible. 1 vol. in-12.

N. 2. Commentaire philosophique du premier chapitre de la Genèse. 1 vol. in-12.

N. 3. Erreurs et vérités du Transformisme. 1 vol. in-12.

Nº 4. De la nature et du devenir des Corps en général. vol. in-12.

Nº 5. Nouvelles considérations sur les Corps célestes en général et en particulier. 1 vol. in-12.

Nº 6. Principes de Cosmologie. 1 vol. in-12.

Nº 7. Principes de Géologie. 1 vol in-12.

Nº 8. Le monde réel ou Dieu, l'Ange, l'Homme. 1 vol. in-12.

Nº 9. Principes de Physiologie. 1 vol. in-12.

Nº 10. Les trois Centralités. 1 vol. in-12.

Montpellier — Typ. BOEHM et FILS.

ÉTUDES DE PHILOSOPHIE NATURELLE
3me SÉRIE : N° 9

DU
PÉCHÉ ORIGINEL
ET DE
SON IRRÉMISSIBILITÉ

PAR

J.-ÉMILE FILACHOU

Docteur ès-Lettres.

> *Ubi abundavit delictum,*
> *superabundavit gratia* ...
> Rom. V, 20.

MONTPELLIER | PARIS
Félix SEGUIN, Libraire-Éditeur | DURAND & PEDONE-LAURIEL
Rue Argenterie, 25 | Rue Cujas, 9.

1880

AVANT-PROPOS

Nous entendions un jour un homme du monde, assez coulant d'ailleurs sur un grand nombre d'articles religieux, s'élever au contraire avec la plus grande violence contre le dogme du péché originel, qu'il supposait, dans son ignorance, impliquer la damnation de tous les hommes par la faute d'un seul. Comme ce n'est point là le sens du dogme, on aurait pu parfaitement, sans compromettre la foi, lui donner raison. Effectivement, ce dogme bien compris ne suppose personne damné par la faute d'autrui, mais seulement à l'occasion et par imitation de la faute d'autrui, de la même manière, par exemple, que si, monté par curiosité sur une tour nouvellement construite, on tombait, par défaut personnel de précaution, de la cîme en bas, il ne serait aucunement irrationnel de faire remonter l'origine de la chute au constructeur même de la tour. Il y a donc plusieurs sortes de causalité, comme la *prochaine* et l'*éloignée*, la *réelle* et l'*occasionnelle*; et notamment, en société par exemple, quoique les actes restent toujours personnels, les chefs ou fondateurs ont une part de responsabilité bien plus grande qu'aucun de leurs subordonnés, parce que leurs bonnes ou mauvaises mesures préalables ont des résultats d'une bien plus grande étendue sur l'ensemble qu'aucun des actes particuliers émanant de l'initiative des inférieurs.

Notoirement il existe, en outre, une grande différence entre les *complices* d'une faute commise à l'instigation d'autrui, mais d'un commun accord, et les simples *imitateurs* dans la suite des temps. Il n'y a pas seulement des relations *civiles* d'institution volontaire, mais aussi des relations *naturelles* d'institution pour ainsi dire innée. Des hommes étrangers les uns aux autres s'allient comme il leur plaît; mais les membres d'une même famille ou d'une même race ont entre eux des liens préalables d'affection bien plus difficiles à rompre que ceux nés de simples sympathies accidentelles; et la nature fonde ainsi des sociétés antérieures aux associations civiles, et régulièrement encore plus fortes et plus tenaces. Il y a donc constamment, au sujet des unes et des autres, des préjugés acquis, dont il serait absurde de vouloir ne tenir aucun compte; et ceux qui, par conséquent, ont voulu dans tous les temps parler philosophiquement de l'homme individuel ou social sans avoir soigneusement égard à ses bonnes ou mauvaises dispositions originaires autant ou plus qu'à sa liberté même, n'ont pu certainement établir que des principes essentiellement arbitraires ou gratuits, sujets à tomber habituellement en contradiction avec les données de l'observation.

Cassagnoles, 30 mars 1880.

DU PÉCHÉ ORIGINEL
ET DE
SON IRRÉMISSIBILITÉ

1. D'instinct, on va souvent plus droit au vrai que par raison. La question : Qu'est-ce que le péché? divise les philosophes immatérialistes (car, pour les matérialistes, elle n'a pas de sens): les uns regardent le péché comme la violation des *lois* de l'intelligence basées sur les rapports rationnels des êtres entre eux ; les autres le regardent comme une révolte contre l'*Autorité*. Les premiers, s'abstenant d'introduire dans leur définition la notion d'*autorité*, se fondent sur ce qu'il importe avant tout d'élaguer de l'idée fondamentale du péché tout ce qui peut offrir la moindre teinte d'arbitraire, danger auquel on

n'échapperait point, suivant eux, si l'on mettait principalement en avant l'idée d'autorité. Les seconds, s'abstenant au contraire de prendre pour base essentielle ou principale la *raison*, se fondent sur ce que, à ce point de vue, l'on ne fait d'abord du péché qu'un écart de logique ou d'esthétique, indépendant par là même de toute idée de désordre moral, et dès-lors radicalement dépourvu de sanction, réelle ou positive. Nous trouvons les deux objections opposées ici de part et d'autre également fondées ; et, tenant alors les deux sentiments pour également insoutenables à part, nous sommes d'avis de les concilier en les réunissant. Ce procédé peut apparaître assez étrange ; car comment concilier ce qui semble devoir s'exclure ? Nous nous tirons sans peine de cette difficulté par la distinction entre le *relatif* et l'*absolu*. Deux choses, relativement distinctes et même contraires, ne le sont plus ni ne peuvent l'être, prises absolument, puisqu'elles sont sous ce dernier aspect essentiellement identiques, comme le sont, par exemple, l'homme et la femme dans la nature humaine commune aux deux. Et qu'on ne nous accuse point pour cela d'échapper à la difficulté présente comme par hasard, car notre solution est nécessaire dans les principes que nous avons toujours professés. Est-il besoin de rappeler ici cette proposition fondamentale de notre philosophie, que l'être absolu consiste dans l'identité du Réel et de l'imaginaire? Mais, l'imaginaire, nous l'avons dans la *raison* théorique des uns, et le réel, nous l'avons dans l'*autorité* pratique des autres ; et ces deux relatifs coïncident bien en un seul et même objectif absolu, dont l'écart se nomme faute ou péché pour tous. Donc, pour avoir l'exacte définition du péché, nous ne saurions mieux faire que de réunir les deux sentiments, ou bien de le dire une *violation de la loi divine*, car c'est bien en Dieu seul qu'a lieu l'identité de la *raison* et du *fait*, ou de l'imaginaire et du réel ; et tout péché contre d'autres êtres implique ainsi l'offense divine, ou n'en est pas un, d'où le mot connu du Roi-Prophète : *On ne pèche que contre Dieu.* (Ps. L, v. 6.)

2. Partant maintenant de cette notion radicale du péché, nous en inférerons qu'on peut ou

s'en rendre ou s'en trouver coupable de plusieurs manières, à savoir: *directement* ou *indirectement*, et encore par *sa propre faute* ou par *faute étrangère*, comme nous allons l'expliquer. D'abord, l'identification *absolue* de la Raison et de l'Autorité n'en empêche point manifestement la distinction *relative*; et, cette distinction une fois présupposée, le péché commis n'attaque nécessairement que les droits de l'une ou de l'autre, tels qu'ils sont ordonnés ou classés par cette distinction même. Or, l'attaque contre l'Autorité semble être bien plus *directe* ou personnelle que l'attaque contre la Raison considérée comme simple expression ou reflet du vouloir autoritaire. La violation de la loi divine peut donc être *directe* ou *indirecte*. Puis, elle peut encore avoir lieu par faute *personnelle* ou par faute *étrangère*. En effet, au lieu de maintenir la distinction précédente entre la Raison et l'Autorité, rétablissons l'identité des deux, et supposons en outre l'agent libre se conformant d'avance à la loi divine indivise, dans le sens que nous venons d'exprimer: il est évident qu'alors cet agent ainsi disposé, chez lequel la loi divine se reflète *personnelle-*

ment, mérite d'être qualifié d'*enfant de Dieu*. S'insurge-t-il, au contraire et par hypothèse, contre la loi divine : il doit perdre immédiatement cette qualification, ou bien devenir, d'enfant de Dieu, *fils de nature pure*. Cependant, aura-t-il perdu par cela seul la faculté d'engendrer? Rien n'oblige de l'admettre ; mais, naissant de simples parents *naturels*, les enfants ainsi produits ne seront aussi que des enfants *naturels* ou ne seront plus enfants de Dieu. Donc, sans avoir commis la moindre faute *personnelle*, ces derniers n'en seront pas moins porteurs de la faute *originaire* de leurs pères ; ou bien on peut être également coupable de péché par sa propre faute ou par faute étrangère.

3. Les mêmes divisions peuvent se présenter autrement, en disant : tous péchés sont *personnels* ou *impersonnels* dans le double sens *objectif* ou *subjectif*, mais objectivement ils le sont d'une façon, et subjectivement ils le sont d'une autre.

Objectivement, ils sont *personnels* quand ils s'attaquent à l'Autorité ; — *impersonnels* quand ils s'attaquent à la Raison. *Subjectivement*, ils sont *personnels* quand on les commet par sa propre faute ; — *impersonnels* quand ils sont d'origine étrangère.

Ces nouvelles distinctions une fois bien comprises, nous pouvons décider dans quels cas ils sont rémissibles ou non.

Tous péchés sont *irrémissibles* quand ils sont, à la fois, *objectivement* et *subjectivement personnels*, ou bien s'adressent (sans restriction) de personne à personne, comme étant alors absolus, inconditionnels et complets.

Et, au contraire, tous péchés sont *irrémissibles* d'eux-mêmes, mais *rémissibles* par grâce, quand, bien que personnels par une certaine face, ils sont impersonnels par l'autre, en ce que, par exemple, ils seraient, ou bien (*objectivement*) seulement indirects par simple écart volontaire de la Raison, ou bien (*subjectivement*) seulement imputés par réversion d'une faute étrangère.

Dans la création, le rôle du péché d'origine par imputation est immense, parce que, irrémissible de lui-même et rémissible par grâce, il occupe par là même une sorte de position radicale intermédiaire entre les deux règnes du mal et du bien absolus, ou du mal absolument irrémissible et du bien absolument indéfectible, et que, par cette position même, il montre, soit jusqu'où peuvent s'étendre les effets du mal, soit jusqu'où peuvent remonter les effets du bien, quand le bien et le mal, ne s'inspirant que d'eux-mêmes ou de leur opposition réciproque, se livrent à la plénitude de leur essor personnel respectif.

De tout temps on a déblatéré contre le péché d'origine par imputation, sans doute parce qu'on ne le comprenait pas; car, si on l'eût compris, on ne l'eût pas contesté de cette sorte, comme nous en avons pour exemple et pour preuve la répulsion unanime que l'on s'est toujours sentie pour les bâtards. Quel père ou quelle mère de famille pourraient traiter de la même manière leur propre enfant et le fruit adultérin de l'un ou de l'autre époux? Cependant, il est bien certain que ce produit étranger à la famille n'est la cause de rien, et que, s'il en souffre, c'est en vertu d'une faute qu'il n'a point lui-même commise. Il y a donc ici quelque chose dont on ne tient point généralement compte, et cette chose est l'existence de deux sortes d'unions, qui sont les *réelles* et les *formelles*. Les unions *formelles* ne sont pas indissolubles, comme les *réelles* ; et, quand elles sont dissoutes par la faute d'un des conjoints, le coupable et le fruit même de la faute sont et méritent d'être *tenus à l'écart* jusqu'à *réparation* ou *grâce*. C'est sur ce thème que nous allons raisonner dans cet écrit, commençant pour cela par déterminer les unions *réelles* avant d'exposer les relations *formelles* avec leurs principales applications ou conséquences.

4. On nous semble généralement entendre par *Révélation* l'enseignement divin d'une ou de plusieurs vérités placées hors de la portée naturelle de l'intelligence humaine ; et, par là, l'on s'écarte complètement, à notre avis, de l'exacte notion qu'on en devrait avoir : car, suivant nous, nulle vérité n'est au-dessus de la Raison, nécessairement une chez tous les êtres intelligents. A vrai dire, la Révélation, toute révélation, est simplement la mise à jour, par voie interne ou externe, d'une chose *inconnue*[1], qu'on ne songe ainsi pas

[1] Tel est l'enseignement textuel des Livres saints. (Voy. Matthieu, XIII, 11.)

même à connaître, parce qu'on l'ignore. *Ignoti nulla cupido.*

L'objet de cet enseignement peut être, effectivement, une vérité de fait naturel, de raison formelle, ou de nécessité morale, et par là même ressortir distinctement du Sens, de l'Intellect ou de l'Esprit. Est-il, par hypothèse, du ressort exclusif de l'Intellect : il ne peut ne pas être complétement rationnel. Au contraire, supposé que l'intellect entre au service du Sens ou de l'Esprit : la même vérité qui, théoriquement envisagée, serait parfaitement rationnelle, peut ne plus nous apparaître telle par les ténèbres ou les difficultés provenant en elle de ces deux ressorts étrangers ; et de là vient alors qu'il y a des vérités que nous ne soupçonnons pas, parce qu'elles ressortent plus du Sens que de l'Intellect, ou bien encore des vérités que nous ne goûtons pas, parce qu'elles sont moins du ressort de l'Intellect que de l'Esprit. Toutes les vérités absolument inaperçues sont des vérités de fait, et toutes les vérités absolument répugnantes sont des vérités de tendance. S'agit-il, au contraire, de simples vérités de raison, ressortissant spécialement à l'intellect : elles ne peuvent aucunement d'abord lui répugner, puisqu'elles sont tout à lui ; et puis, l'on ne saurait même jamais prétendre qu'il les ignore absolument, quoiqu'il lui soit possible de les oublier ou de n'y penser point, car ne pas connaître ou ne pas penser sont loin d'être la même chose.

Un géomètre, par exemple, sait très-bien les vérités essentiellement impliquées par l'idée de triangle ; mais les a-t-il pour cela toujours présentes à sa pensée ? Nullement. Nous savons de même très-bien le *Pater* ; mais en avons-nous pour cela tous les mots incessamment présents à la mémoire ? Pas davantage. Il y a donc une énorme différence entre connaître et penser, puisqu'on connaît certainement une foule de choses auxquelles on ne pense pas. La connaissance consiste dans un acte habituel ou général par lequel on embrasse à la fois, en principe du moins, une multitude de choses qu'on ne s'arrête pas encore à détailler par hypothèse ; mais on n'en a pas moins alors la faculté de les considérer toutes en détail ou l'une après l'autre, et c'est alors, quand on les envisage ainsi séparément, qu'on est dit y penser. La pensée n'est donc qu'une application déterminée de l'attention aux détails de la connaissance. L'intellect est fait en manière de cône. Portant en cône sur sa base, il connaît déjà l'ensemble des choses, mais sans en faire l'analyse; portant en cône sur son sommet, il discerne seulement celle d'entre elles à laquelle il s'applique de fait. En conséquence, toute *connaissance* actuelle ou distincte, dès-lors qu'elle sort des généralités, est une *reconnaissance*, puisqu'elle implique forcément la prénotion du général, sans laquelle on ne la concevrait point.

Nous en avons assez dit déjà pour montrer combien errent profondément les adversaires des idées innées, soutenant que l'âme est originairement table rase ou n'a la connaissance de rien. Un tel état d'ignorance *absolue* n'est rien moins qu'une *imaginarité* de premier ordre, opposée par l'intellect à la *réalité*, de premier ordre aussi, consistant dans la pleine connaissance infuse, indistincte, et par là même concrète de toutes choses. Un seul mot va suffire pour fixer ici les idées et convaincre l'esprit le plus difficile. Cette réalité suprême est la *Conscience*. Il est évident que tout être conscient connait ; mais que connaît-il ? Connait-il ou de *simples faits* sans la moindre notion (au moins implicite) de formes ou de forces, ou bien se borne-t-il à représenter des fictions, à rêver des forces ou des causes abstraites ? Tant s'en faut. Simultanément, le même être se connait sentant, pensant et voulant. Ce n'est pas à dire qu'il se discerne pour cela tout d'abord et en tout temps comme sentant à part, pensant à part et voulant à part; au contraire, par son premier acte de conscience, il se perçoit comme jouant à la fois tous ces rôles, et c'est seulement après ce premier acte concret ou complexe, et cependant vraiment un quoique immédiatement divisible, qu'il en vient à se reconnaitre, par démêlement ou abstraction, — distinctement *sensible*, *intelligent* et *moral*.

De là découle, maintenant, une vérité capitale pour nous en ce moment, et qui consiste à dire que *toutes les idées premières sont des idées concrètes*. Pour entrer plus commodément en matière, nous énumérerons au nombre des notions au moins implicitement innées, d'abord l'idée radicale d'*activité*, puis les idées secondaires de *sujet* et d'*objet*, enfin les idées tertiaires de *principe*, de *fin* et de *moyen*. Eh bien ! là ces idées ne jouissent point encore de la propriété dont nous venons de parler, car, sous cette forme générale, elles sont et restent abstraites. Concrète, l'*activité* doit *se redoubler* ou bien faire à la fois fonction de *sujet* et d'*objet*, et devenir, d'absolue, relative; mais ce n'est pas tout : en cet état, elle n'est encore qu'implicitement concrète, c'est-à-dire formelle ; et, pour qu'elle devienne entièrement concrète ou réelle, elle doit fonctionner en outre à la fois comme *principe*, *fin* et *moyen*, sans exclure pour cela son ultérieure application spéciale et distincte sous cette triple forme. L'Autorité *formellement* concrète ou doublée prend le nom indiqué déjà de *conscience*; l'activité *réellement* concrète ou triplée prend les dénominations collectionnées de *principe*, de *fin* et de *moyen*, toujours alors objectivement — sinon subjectivement — séparables.

5. On a dû comprendre de soi-même pourquoi nous voulons que toutes les idées premières soient des idées concrètes : c'est pour pouvoir

trouver d'abord en elles, comme dans un trésor inépuisable, toutes les notions dont nous pourrons avoir ultérieurement besoin. Et, certainement, cette méthode n'est nullement irrationnelle en soi. Car si l'on suppose, par exemple, en principe, le genre absolu de *bienveillance* comme réel, il suffira de le concevoir ultérieurement entrant en relation à l'occasion de n'importe quel accident, pour pouvoir s'attendre à le voir se manifester, par spécialisation, comme *prévenance* devant l'avenir, comme *reconnaissance* à l'égard du passé, non moins que comme *complaisance* envers le présent, sans qu'il soit pour cela jamais possible de renverser (si ce n'est par hypothèse ou fiction) le même point de vue ; nuls actes *spéciaux* n'étant concevables sans le *genre* commun auquel ils sont tous radicalement subordonnés. Puisqu'il est essentiel à la conscience absolue de réunir, unifiés en sa généralité de conscience, les trois modes concrets de fonctionnement par *sens*, *intelligence* et *volonté*, ces trois modes s'impliquent forcément entre eux à leur tour, au même titre et degré que l'absolue conscience elle-même ; et, par conséquent, celle de ces applications spéciales qui *sent*, est également en principe *intellectuelle* et *morale*; celle qui *représente* par intelligence est également en principe *morale* et *sensible*, etc. Les trois espèces de conscience, s'alimentant à la même source, y puisent les mêmes données, ni plus ni moins. Cependant, elles ne doivent point être pour cela déclarées totalement indiscernables, et la raison en est évidente : autant distinctes qu'identiques, elles réalisent une triple relation binaire de sujet à objet, dans laquelle les trois indices constitutifs *imaginaires* et *réels* permutent toujours d'un côté, pendant qu'ils s'individualisent ou s'unifient de l'autre.

Nous avons fait déjà (§ 4) la comparaison de l'Activité radicale avec un cône portant indifféremment sur sa base ou son sommet. La prenons-nous *absolument* : il est évident que, réduite alors à son sommet, elle est une. Mais la prenons-nous *relativement* : nous la traduisons par là même immédiatement en *sujet* et *objet*, avant d'en aborder l'unité définitive ; et, comme il y a trois manières de poser cette relation avec les trois indices donnés, ainsi qu'il suit :

Sens=$\{\substack{\text{Intellect}\\\text{Esprit}}$, Intellect=$\{\substack{\text{Sens}\\\text{Esprit}}$, Esprit=$\{\substack{\text{Sens}\\\text{Intellect}}$, l'unification spéciale et définitive de chaque couple donne trois Unités relatives distinctes. L'Activité radicale concrète est donc à la fois *absolument* une et *relativement* triple. Comment l'absolument un peut-il, cependant, se multiplier ainsi relativement ? Il le peut, comme nous le disions tout à l'heure, en se doublant d'abord en relation binaire, pour aboutir ensuite à la ternaire et se tripler par conséquent. Il se constitue donc successivement — quoique intemporellement — en trois états relatifs toujours concrets mais néanmoins irréductibles, comme articulant spécialement dans chaque cas une identité de *fait*, de *raison* ou de *nécessité*, qui n'existe pas dans les deux autres. Par hypothèse, l'Activité radicale est objectivement une et subjectivement triple ; ou bien inversement (sans effet rétroactif) objectivement triple et subjectivement une ; mais, comme il a été dit, les trois indices réunis d'un côté dans les deux cas peuvent et doivent constamment permuter entre eux de position : il y a donc trois relations binaires données, et par conséquent trois *Absolus-relatifs* dans l'*Absolument-un*.

6. Une activité *singulière*, formellement constituée sous la double forme de *sujet* et d'*objet* pendant que l'objet se dédouble lui-même comme *principe* et *fin*, et qu'elle-même joue vis-à-vis un rôle *moyen*, est, comme réunissant en un tous éléments possibles du concret, une *personnalité*. Si, par hypothèse, l'Objectif ne se dédoublait pas, on aurait la simple notion *formelle* de Conscience, dans laquelle le Sujet et l'Objet, censés seulement imaginairement distincts encore, se confondent en un ou s'identifient; mais, une fois qu'on admet le dédoublement de l'Objectif en face du Subjectif censé retenir son unité radicale, la conscience réalisée jusqu'au bout s'individualise ou prend l'indice d'indépendance absolue caractéristique de la personnalité *réelle*. Dans le cas où l'on se contenterait d'opposer successivement sous la forme de Conscience, à l'Objectif présupposé rester un, chacun des trois Subjectifs uns encore, les deux termes *objectif* et *subjectif*, alors *imaginaires*, personnifiés, sembleraient avoir pour siége ou représentant *réel* le seul signe d'égalité dans lequel ils se poseraient à la fois; et, si nous imaginions alors de figurer le terme *absolu* commun d'égalité par *C*, et les trois termes *relatifs*: *producteur*, *produit* et *moyen* (ou *principe*, *fin* et *moyen*), par les initiales P, F, M, nous aurions les trois expressions P=C, F=C, M=C, dans lesquelles la Conscience, indistincte par sa face *objective C*, ne laisserait point de se distinguer essentiellement par ses trois autres aspects *subjectifs* tout opposés et manifestement irréductibles.

Prenant *absolument*, ces trois termes subjectifs uns, on ne peut se dispenser de les concevoir également, mais forcément aussi (dans un certain ordre successif, au moins rationnel), égaux chacun à l'objectif entier ou un, et par conséquent *sériels*. Les prenant au contraire *relativement*, ils ne sont plus, naturellement cette fois, chacun, que l'une des trois faces discernables en l'Objectif, à l'instar néanmoins, non de parties, mais de facteurs; et comme rien n'empêche alors de les réputer simultanés, ils apparaissent en même temps *verticillaires*. Mais, les réputant ainsi *sériels* sous un aspect et *verticillaires* sous un autre, nous n'avons pas de raison de les ranger dans un ordre différent ; envisagés comme *absolus* ou comme *relatifs*, ils se présentent donc toujours dans l'ordre successif précédemment admis entre *principe*, *fin* et *moyen*. Seulement nous n'avons encore aucun moyen de reconnaître quand ni comment ils peuvent différer réellement entre eux, *v. g.*, soit dans leurs modes d'application, soit par les degrés de puissance, ou bien comme fonctionnant, l'un sous la forme 1^3, l'autre sous la forme 1^2, et le troisième ou dernier sous la forme 1^1. Cependant, il en peut être tout autrement si, renonçant au mode de position tant objectivement que subjectivement unitaire précédent, nous lui substituons le mode *personnel*, où l'Objectif se dédouble vis-à-vis du Subjectif restant constamment un, comme dans les expressions $P = \{{}^F_M$, $F = \{{}^P_M$, $M = \{{}^F_P$. Car il est évident qu'alors tous les rôles relatifs du second membre, bien que constitués *en apparence* sur le même type, doivent, par échange successif de déterminations en passant d'une expression à l'autre, être *réellement* très-différents. Et n'importe d'ailleurs qu'il s'agisse de savoir, soit comment tout terme *subjectif* est intrinsèquement constitué, soit comment il doit extrinsèquement opérer, on voit aussi qu'il suffit de considérer les termes *objectifs* correspondants pour en découvrir les conditions originaires ou les suites éventuelles. Le mode d'être *personnel* est donc le plus favorable à l'analyse des Activités réelles.

7. Concentrant en conséquence désormais notre attention sur les *personnalités*, nous examinerons d'abord comment elles se diversifient. A cet égard, leur distinction et leur identité nous sont déjà connues, comme immédiatement données par la nature même des choses. C'est un fait d'observation immédiate et constante, que nous *distinguons* (au moins *imaginairement*) en nous — sans la moindre interruption ni diminution *d'identité* radicale — trois personnalités essentiellement disparates, qui sont le Sens, l'Intellect et l'Esprit. Mais, dans cet état de pleine indépendance, ces trois personnalités sont bien trois puissances respectivement absolues. Donc elles sont *réellement* aussi distinctes qu'identiques. Cependant, tout n'est point dit par là sur leur compte ; car, quand on considère objectivement par la *pensée* les suites possibles de leur dispa-

rité radicale dans l'espace ou le temps, on reconnaît bientôt qu'elles sont, sinon de fait, au moins formellement ou virtuellement *contradictoires.* En effet, également infinies en principe, elles peuvent s'exercer absolument comme il leur plaît en sens, direction et vitesse : elles peuvent donc différer du tout au tout ; et par conséquent elles sont (pour exprimer en d'autres termes la même idée) réellement contradictoires en principe ou puissance. Il y a loin, sans doute, de la puissance à l'acte, ou du principe à la fin ; néanmoins, ce pas, quelque grand qu'il soit, n'est point infranchissable, car toutes puissances plénières ont autant la faculté de vouloir que celles de sentir et de penser (§ 5), et, pour le franchir, il leur suffit alors de vouloir. Supposons donc qu'on en entrevoit par l'idée la possibilité; supposons également que, réputant ce pas possible, on le juge en même temps, à certains égards, avantageux: une certaine incitation se joint alors naturellement à l'idée de l'acte ; et, libre d'agir, on peut, si l'on veut, donner suite au dehors à la provocation interne. Dans ce cas, l'Intellect sert de *principe*, l'Esprit sert de *moyen*, et le Sens sert d'agent exécutif ou de *fin* réelle, c'est-à-dire — pour revenir à nos formules — qu'il est alors le rapport réel de l'Intellect et de l'Esprit constituants.

Ce pas est-il jamais franchi par le Sens radical, premier dépositaire naturel du troisième degré de la puissance interne-externe ? Avant de répondre à cette nouvelle question, nous examinerons actuellement dans quels rapports spéciaux *immédiats* (car les *médiats* ne nous regardent pas encore) le Sens exécutif radical peut se trouver avec les deux autres puissances provocatrices. Par hypothèse, le Sens est tout d'abord inerte ou neutre ; pour sortir de cet état primitif d'indifférence et se pousser jusqu'à l'acte externe requis, il doit distinctement vouloir ou bien (dans le cas actuel de provocation présupposée) *consentir* : le simple *consentement* du Sens à la commune suggestion de l'Intellect et de l'Esprit en est donc l'acte respectif immédiat. Mais, d'autre part, est-ce que les deux puissances provocatrices n'en sont point elles-mêmes à leur premier essai ? N'ayant jamais jusqu'à cette heure essuyé de refus, elles n'ont pas de raison d'être timides ou de demander plutôt moins que plus, et visent par conséquent à l'immédiate production d'un effet sensible apparent, auquel le Sens n'a dès-lors besoin que de consentir ; et, comme par hypothèse ce dernier est encore exempt de toute préalable institution ou détermination propre, il est bien impossible que leur première incitation ait l'inconvénient de le porter à la violation d'aucun droit ou de l'établir en lutte contre lui-même; tandis que, alors, nulle perspective de mal ni *moral* ni *physique* n'est à craindre, comment le Sens radical n'accéderait-il pas à leur vœu? Pleinement libre, il pourrait assurément aussi bien refuser qu'accéder ; mais *raisonnable* et *bienveillant*, il accède *infailliblement*; et le premier *acte objectif réel* est ainsi le produit *naturel* du Sens radical, infiniment excitable, mais non moins infailliblement que librement docile aux pures motions originaires de l'Intellect et de l'Esprit, sollicitant et obtenant de lui *tout l'écart d'Objet à Sujet, ou d'Acte à Puissance, utile ou nécessaire à l'objective démonstration de leur commune ou spéciale excellence et perfection interne*. Maintenant, après l'objective mise en branle des trois puissances internes sous toutes les formes possibles immédiates qui ne sauraient ni violer le moindre droit acquis ni causer la moindre peine ou douleur sensible, la même Raison absolue qui leur a suggéré la réalisation de tout le bien possible dans la contingence, peut également faire naître en elles, ainsi que (par leur intermédiaire) en tous les êtres contingents existant sur le même type, l'idée de nouveaux *actes externes*, non plus émanant (comme les précédents) de leur commun esprit d'*identité*, mais plutôt donnant cours à leur aptitude (jusqu'à cette heure moins déficiente que sommeillante(à la *contradiction* ; et, de même que la Raison absolue ne semble point obscurcie mais plutôt rehaussée par la prévision de pareils actes, le Sens radical, faisant cette fois fonction d'Esprit ou de *moyen*, et retrouvant par hasard, chez eux, des attraits analogues à ceux des précédents, peut entrer (aussi bien que tout à l'heure l'Esprit, et sous leur influence *physiquement* identique) en érection, et promouvoir ainsi l'Esprit à les désirer ou vouloir à son tour. Il est vrai que, si cette fois les nouveaux actes doivent aller à l'encontre des précédents, ils peuvent occasionner toute sorte de peines morales ou de souffrances physiques ; mais, comme ils ne sont point non plus incapables de procurer auparavant les plus vives satisfactions intellectuelles ou sensibles, l'Esprit libre et tiré de divers côtés peut faire pencher à son gré la balance du côté qu'il préfère. Présupposé seulement opter cette fois entre le bien et le mal *après mûre confrontation*, et par là même se déterminer *en pleine connaissance de cause*, il ne peut donc éviter de se prononcer absolument, inconditionnellement, indéfiniment, ou pour l'un ou pour l'autre. Ainsi, se déclarant pour le bien alors pris et goûté coup sur coup deux fois, il se confirme *par redoublement* dans le bien ; mais, par la même raison, optant pour le mal à la barbe pour ainsi dire du bien et s'y livrant extensivement avec la même plénitude d'abandon qu'impliquerait intensivement l'embrassement réitéré du bien, il se confirme inversement, *par accumulation de perversion en un seul acte*, dans le mal.

8. D'après ce que nous venons de dire, le premier péché serait l'acte de libre arbitre par lequel

on opposerait à l'ordre *rationnel* et *primitif* des choses un ordre *irrationnel* et *perpétuel*, inverse en tout au précédent. Renversant cette proposition, nous ne serions donc pas mal fondé à dire que l'acte de libre arbitre par lequel on oppose à l'ordre rationnel et primitif des choses un ordre inverse irrationnel et perpétuel, est le premier péché commis. Mais comment distinguer alors ce premier péché de celui qu'on nomme et que nous avons nommé nous-même (§ 2) *originel*? Et comment ne pas voir encore qu'il n'y aurait pas moins lieu de le qualifier d'*universel* que d'*originel*? Certainement, *en principe*, la liberté, quels que soient les motifs l'influençant de près ou de loin, ne tourne en quelque sorte que sur ses propres gonds ou pôles, car on ne peut admettre chez elle ni ténèbres ni faiblesse *préalables*. Chez les puissances radicales, tout existe originairement dans l'ordre rationnel, sans distinction de temps ; et si cependant le mal survient, la liberté l'emprunte alors à la région des imaginaires et le tire ou produit d'elle-même, en sa plénitude d'intelligence, de raison et de force ; d'où il suit qu'il est, suivant une certaine manière de parler et quoique postérieur au bien, aussi radical que lui, puisqu'il s'érige en rival à ses côtés et tend à le supplanter de fond en comble. Dèslors donc qu'on entend par péché originel un péché permanent et comme ineffaçable, affectant à jamais (sauf circonstances exceptionnelles atténuantes dont nous parlerons plus tard) un être, une race ou une espèce d'êtres jusqu'à complète extinction, cette dénomination convient à tout acte vicieux analogue, émis avec la plénitude d'advertance et de connaissance requise pour impliquer une indéfinie permanence d'infection individuelle ou sociale; et, comme dans ces conditions il n'est point évidemment habituel ou transmissible par accident ou par hasard, mais par vraie causalité, la seule question à traiter désormais est de savoir d'où lui vient cette immanence ou ténacité qui lui fait faire en quelque sorte tache d'huile partout où il se produit une première fois.

Nous trouverons la solution de la question que nous venons de poser dans la distinction des deux sortes d'association d'êtres par *coordination* ou par *subordination*; car, entre êtres coordonnés égaux, la lutte est ou doit être manifestement plus radicale et plus vive ou vivace que entre êtres subordonnés, dont le supérieur est toujours en état de soumettre l'inférieur par la force, s'il ne se laisse point d'abord régir par la douceur. Mais, pour arriver à pouvoir ranger ainsi tous les êtres, il est auparavant indispensable de les classer et de remonter même à l'origine de toute lutte. Cette origine, nous croyons la reconnaître dans l'*infini* divin, dont le rôle, parce qu'il a radicalement son siége en Dieu, ne nous semble point généralement apprécié comme il devrait l'être, c'est-à-dire, comme (*occasionnellement* bien entendu) démoralisateur et funeste au premier chef.

9. Généralement, on croit beaucoup relever l'être divin en le disant *infini*; mais cette note d'*infinité* ne le relève pas plus que la note opposée d'*infinitésimalité*, qui lui convient au même titre; et la raison en est que, en principe, avant de s'approprier ces deux notions relatives opposées et s'annulant l'une l'autre, Dieu est essentiellement un ou simple, sans le moindre mélange de grandeur ni de petitesse. Poser tant objectivement que subjectivement Dieu, c'est toujours poser une Unité vraie, réelle, absolue; la notion

de grandeur infinie dans le double sens positif et négatif qui s'y adjoint, n'intervient immédiatement qu'à la faveur de l'idée par laquelle on cherche à s'en représenter l'inépuisable fécondité naturelle. Se le figurant infiniment extensif, on le dit alors immense ou partout présent, et, se le figurant infiniment intensif, on le dit incomparable en puissance ou force ; mais il n'est réellement pas plus étendu dans le premier cas que concentré dans le second, et son unité suffit à lui mériter ces deux qualifications inverses.

Absolument envisagé, Dieu n'est donc ni grand, ni petit, ni médiocre; envisagé *relativement*, mais encore caractérisé par de simples différences *subjectives* n'en atteignant point immédiatement l'*objectif*, il est et reste essentiellement un : on en distingue alors les *Subjectivités* par l'ordre ou le rang de leurs fonctions, qui font, de la première, un *centre* nécessaire, — de la seconde, un *foyer* perpétuel, — et de la troisième, un *moyen* universel. Et, sans contredit, tout centre nécessaire est un, tout foyer perpétuel est un, tout moyen universel est un. En outre, cette note commune d'unité leur vaut bien la dénomination de vraies *réalités*. Mais, comme accessoirement (quoique inséparablement) les mêmes positions s'adjoignent les notes éminemment caractéristiques de *nécessité*, de *perpétuité*, d'*universalité*, qui ne sont plus évidemment des objets de position absolue mais seulement des objets de simple représentation formelle, leur conception entière demande qu'on en complique les notions *réelles* respectives des notions *imaginaires* correspondantes ; et de là vient alors que, quoique tout d'abord essentiellement un et par là même réel, Dieu ne laisse point de pouvoir être coup sur coup défini l'*identité* du réel et de l'imaginaire. En lui, parce que l'absolument-absolu comporte trois positions relatives distinctes, le réel et l'imaginaire impliqués par son idée se prêtent forcément aux mêmes aspects: sa réalité, subjectivée, se triple donc; par suite, l'imaginarité, revenant à chacune de ses subjectivités, se triple encore ; et l'on est obligé d'admettre en conséquence, comme autant d'infinités relatives, la *nécessité* de la position centrale, la *perpétuité* de la focale et l'*universalité* de la moyenne. Il est cependant manifeste que ces trois dernières déterminations sont et restent (sauf un cas que nous signalerons bientôt) purement imaginaires. Car, en raison de leur unité radicale, les subjectivités *centrale*, *focale* et *moyenne* n'ont pas beaucoup à faire pour accomplir une révolution entière sur elles-mêmes, comme pour se distinguer l'une de l'autre : en un instant elles se retournent ; en un instant elles se distinguent. Les infinités respectives en sont donc vraiment imaginaires.

Nous exceptions tout à l'heure un cas dans lequel cette relative *imaginarité* des Notions infinies ne se maintenait point ; et ce cas est celui dans lequel, prenant chacune d'elles *absolument*, on en fait la *simple représentation* sommaire *objective* de la personnalité *subjective* à laquelle elle se rapporte. Qui ne comprend, en effet, qu'à ce point de vue le *centre* absolu primitif est le seul ou pur *nécessaire* envisagé distinctement par l'idée d'une manière abstraite et tout à fait à part — comme (dans le même sens) le *foyer* absolu primitif est le seul ou pur *éternel*, et le *moyen* absolu primitif le seul ou pur *universel* ? Tout à l'heure il n'en était pas ainsi :

pour les trois personnalités radicales ou leurs analogues, l'*imaginaire* n'était jamais censé marcher seul ou séparé d'une *réalité* correspondante, avec laquelle il aboutissait à l'Unité réelle et toujours réelle. Maintenant, au contraire, ce cas exceptionnel au nouveau point de vue n'est plus par là même le cas général ; et, s'il existe une alliance quelconque entre le *fait* et la *puissance*, ou le *particulier* et le *général*, c'est un pur accident qui peut cesser d'être, comme il a pu survenir. Dès-lors que l'abstrait et le concret ne sont plus uns en principe, si l'union en est conçue possible, elle en reste au moins évidemment accidentelle, et peut aussi changer de sujet, au gré des circonstances ou de l'habileté, du hasard ou de l'art ; en d'autres termes, on en peut devenir jouissant autant par la conquête que par la naissance, par industrie que par nature.

Dans cette dernière manière de voir, au lieu d'admettre la nature divine en plein sous sa double face imaginaire et réelle, unifiée de droit et de fait, on la tronque ou divise donc et procède à peu près comme si, sur la question de priorité entre l'unité *1* et ses deux parties $\frac{1}{2}, \frac{1}{2}$, l'on préférait préposer les parties au tout que le tout aux parties. Nous sommes fermement d'avis qu'il faut préposer l'identité à la distinction, comme l'affirmation à la négation ; mais, comme le contraire n'est pas impossible en certains cas, ou peut vouloir attribuer la même valeur à l'opinion contraire ; et, ne prenant ou n'admettant ainsi de la Nature divine que ce qui, séparé d'elle, est plutôt un leurre décevant qu'un indice utile, au lieu d'agrandir ou de perfectionner son être par la poursuite de cet appât trompeur, on s'astreint à le dépenser ou consumer en pure perte ; car, pour toutes activités séparées de l'*infinie-réelle*, le sein de l'infini n'est qu'une impossibilité d'où rien ne sort, un vide où tout se dissipe, un gouffre où tout s'engloutit. Il n'appartient qu'à la seule infinité réelle ou concrète de fonctionner à la fois et tour à tour comme *centrale, focale* ou *moyenne*, par mutuelle ou continuelle réversion de ces trois fonctions entre ses deux faces *objective* et *subjective* incessamment alternantes et révolutives dans le temps ou l'espace. Aux yeux des activités éclairées de la seule lumière *objective*, rien n'en démentant *subjec-*

tivement les fausses lueurs, le monde extérieur a, sans *centre* ni *foyer* assignables, deux bouts inconvertibles l'un en l'autre, qui sont l'extrême diffusion et l'extrême concentration. Aux yeux des activités simultanément éclairées de deux lumières *objective* et *subjective*, il existe, en face du monde extérieur, un second monde intérieur offrant incessamment, à ses deux bouts à la fois, les mêmes phénomènes de diffusion et de concentration ; mais, comme les rôles en sont inverses, et que, où l'un concentre, l'autre disperse, et réciproquement, il existe concurremment, en leur *foyer* commun, un *centre* aussi commun où toutes se rendent à la fois en tout temps, pour y retremper dans l'*infini réel* leurs énergies respectives objectivement toujours finies, parce que l'existence de plusieurs infinis réels absolument absolus n'est pas possible. Ainsi, tous les êtres aspirant *individuellement* vers l'infini s'abusent étrangement et trouvent, au terme de leur carrière, non le prix, mais la peine de leurs chimériques prétentions.

10. Il résulte de ce qui précède que l'Infini

distinct ou séparé du réel, et par conséquent abstrait, est ce qu'il importe à toute Activité d'éviter ou de fuir avant tout ; et peut-être, quand les êtres contingents recherchent ce qu'on a coutume d'appeler le *positif,* soit immédiat, soit médiat, dans la jouissance temporelle des plaisirs ou des honneurs, ils croient éviter cet excès condamnable, auquel pourtant ils s'abandonnent alors même pleinement. Car, si l'on voulait être vraiment complet, on aurait bientôt reconnu que, en dehors des deux manières de regarder isolément, par exemple, vers les pieds ou la tête, il en existe une troisième, plus importante encore, et consistant à regarder vers le cœur ; et cette dernière considération est ici d'une telle gravité qu'elle devrait suffire, seule, non-seulement à contre-balancer, mais encore à dominer entièrement les deux autres. Pour lui conserver cet avantage, il est toutefois indispensable qu'on n'oppose point aux jouissances *morales* ou *modérées* qu'elle procure ou garantit, l'espoir ou l'appât des jouissances *indéfinies* nullement assurées, mais plus alléchantes des brillants avantages sociaux ou des plaisirs sensibles ; car, une fois que cette fallacieuse infinité prend place au rang des motifs déterminants, la chance d'option est autant aux mouvements capricieux ou désordonnés naturels qu'aux austères vertus.

Puisque l'*infinie-réalité* radicale est, autant qu'objectivement infinie, subjectivement simple, nous sommes maîtres, pour former image, de partir en elle : soit du *simple* comme *sommet inférieur*, pour élever dessus une couche d'êtres plus *extensifs* quoique finis encore, et surmontés eux-mêmes d'une nouvelle couche d'êtres d'extension *indéfiniment croissante* ; soit de l'*infini* comme *base* supérieure, pour concevoir immédiatement siégeant au-dessous une première couche d'êtres *indéfinis* moyens, suivie d'une seconde composée d'êtres extrêmes et bien *finis*. Plaçons-nous alors à ce dernier point de vue. Tant que, par hypothèse, l'*infinie-réalité* recouvre et vivifie de sa gloire et de ses charmes vivement ressentis du dedans la *première* des deux couches sous-jacentes, les mobiles *extérieurs* spécialement efficaces sur les êtres subordonnés de cette première couche restent latents ou sans valeur relative ; et, bien qu'ils en aient alors la connaissance théorique, cette connaissance n'en affecte ni l'Intellect ni l'Esprit, de préférence ouverts aux surnaturelles motions de principes infinis. De tels êtres, compris en la couche moyenne, ne sont point, en leur état présupposé de perfection, exempts d'*idées* de toute sorte ; mais ils sont au moins exempts de toute sorte d'*affections* ou de *passions* mauvaises ou même dangereuses. Les choses étant ainsi, supposons maintenant que l'efficacité de l'*infinie-réalité* s'affaiblisse et s'éteigne même à peu près totalement : aussitôt, sinon les *passions* sensibles, au moins les *affections* sociales de la couche moyenne, ressortent vivement. Mais, par la même raison, une fois que les dangereuses ou mauvaises *affections* se sont produites, les *passions* sensibles, plus spécialement développables chez les êtres de la plus basse couche — que les sages maximes de la couche moyenne bien ordonnée ne contiendront plus — se déchaîneront à leur tour. Lors donc que la perturbation réussit à s'établir dans la couche moyenne, il est inévitable qu'elle infecte aussi la plus inférieure, en y produisant des effets conformes ou même (peut-être) contraires aux précédents.

Il importe ici de se rappeler que, les états *subjectifs* des êtres changeant ainsi successivement de couche en couche, les phénomènes *objectifs* ne doivent pourtant jamais changer, car ils sont perpétuels et les mêmes pour les êtres des trois couches, et la perception ou la manière d'en être affecté varie seule de couche en couche. En conséquence, quoique les mêmes phénomènes qui doivent *plus tard* se dérouler successivement chez les êtres collectivement ou séparément envisagés coexistent ou se produisent objectivement en premier lieu tous à la fois pour les êtres animés de l'Esprit vivificateur de la couche suprême, ils ne les affectent pourtant *dans le temps de leur première innocence* en aucune manière, car, restant *objectifs*, ils leur sont complétement étrangers. Au contraire, ayant une fois (par subjectivation) pénétré dans leur sein, il y provoquent, au fur et à mesure de leur infiltration, l'apparition de toutes les *affections* sociales ou *passions* sensibles. Comme spécialement ouvertes aux *affections* sociales, les existences de la couche moyenne sont, pour la *simultanéité* de leur coup d'œil, appelées *angéliques*; et comme spécialement sujettes aux mouvements désordonnés des *sens*, les existences de la plus basse couche sont, pour la *successivité* de leurs opérations, nommées *humaines*.

En principe, ces deux classes d'êtres débutent à la fois, mais tout autrement. Débutant à la fois, elles procèdent l'une et l'autre par couples ; puisque, de fait et par leur seule coexistence, elles en constituent un. Néanmoins, elles procèdent tout autrement ; car, tandis que les êtres de la classe moyenne s'embrassent tous copulativement d'un seul regard et sautent ainsi comme d'un seul bond du principe à la fin en se rendant (comme êtres *réciproques*) la pareille, les êtres de la dernière classe, essentiellement successifs ou temporels et ne réciproquant par suite qu'à la longue, sont spécialement *alternants*, et doivent tout attendre des seules vicissitudes du temps, s'ils veulent être témoins de l'accord entre le principe et la fin. Débutant alors à la fois, deux pareils couples ont forcément une même origine ; mais tandis qu'en l'*un* d'eux, le principe réciproqué, touche immédiatement à sa fin, en l'*autre*, le principe jamais réciproqué de suite, se contente d'y tendre. Cependant, puisque le premier principe est immédiatement satisfait, il ne peut avoir aucune raison de changer d'état, il doit être plutôt essentiellement *conservateur*; et c'est à peine à force de temps que, ayant vu la vétusté s'attaquer à ses formes naturellement immanentes, il peut se prêter insensiblement à la pensée d'en accepter le renouvellement de bonne grâce. Au contraire, le second principe, dont l'état primitif n'est jamais complet, a mille raisons d'accepter avec plaisir tous les changements naturels qui doivent peu à peu le rapprocher de sa fin ; et ces changements survenant, au lieu de l'attrister, le réjouissent.

Admettons alors que, chez les êtres des deux classes ainsi prédisposés, l'idée d'*infinité* vient s'entremêler comme facteur à leurs dispositions présentes : voilà qu'aussitôt le principe du premier couple, ami de l'immanence, au lieu de la vouloir temporaire, la voudra perpétuelle, et sera par là même tenté de résister au mouvement insensible, mais naturel, de rénovation qui s'opère sourdement ; et de même le principe du second couple, ami du changement, au lieu de l'accepter seulement régulièrement à son heure, trouvera le cours ordinaire de la nature trop lent, et, dans son impatience fébrile, tentera de le précipiter pour abréger le temps de son attente et toucher plus vite au but. Il y aura donc tentation des deux côtés ; mais l'être *contrarié* sera tenté de *résistance*, l'être *impatient* sera tenté de *précipitation* ; et ces deux tentations peuvent d'ailleurs être censées concourir s'il y a lieu de supposer que la précipitation encouragée d'un côté puisse être favorable à la résistance prolongée de l'autre. Mais il appartient aux seuls êtres résistants appartenant à la couche *moyenne* de pousser à la précipitation les êtres originairement plus passifs et non encore viciés de la *dernière* couche. Les uns alors incitant et les autres acquiesçant, tous prévariquent ensemble, quoique en sens contraire, contre la loi naturelle, et leur prévarication est à la fois (par enchevêtrement de volontés) *complète*, aussi bien que *libre* dans son principe, *universelle* dans son objet et *perpétuelle* en sa fin.

11. Malgré l'unanimité de défection dans les

deux classes d'êtres appartenant aux deux couches sous-jacentes, la distinction d'ordre ou de rang qui subsiste toujours entre elles en nécessite une autre qui doit maintenant nous faire comprendre comment, quoique *en général* toute prévarication soit *originairement* universelle et perpétuelle, il est des cas où la gravité peut exceptionnellement s'en amoindrir ou devenir limitée sous le double rapport de la grandeur et de la durée. Par position originaire, en effet, tous les êtres de la couche moyenne sont de même niveau, comme tous les êtres de la dernière couche sont, à l'égard des précédents, de niveau moindre. Péchant alors à la fois, tous les êtres de la couche moyenne commettent la même faute *originelle*, et tous les êtres de la dernière couche, qui les imitent dans leur prévarication, c'est-à-dire qui, ne leur cédant pas plus en tenue qu'en élan, s'élèvent temporellement (en un ou plusieurs temps, peu importe) à leur subit niveau respectif, commettent encore la même faute *originelle*. Mais les êtres de cette seconde classe qui, par ignorance ou faiblesse, ont temporellement fait cause commune avec les premiers délinquants sans conscience actuelle de leurs vues ou tendances profondément entachées d'*infinité*, ne sauraient évidemment, n'en partageant pas la malice, en partager les conséquences irrévocables. Donc tous les êtres péchant, en faisant entrer dans leur détermination l'infini, pèchent irrévocablement ou bien se pervertissent originairement une fois pour toutes, puisqu'on ne revient pas de l'infini (*hyperbolique* alors). Mais les êtres qui servent seulement d'occasion ou d'instrument temporaire à l'iniquité des précédents, et qui par conséquent n'en épousent jamais (dans leur évolution *parabolique*) les honteux principes ni les fins déplorables, ne commettent point en entier la même faute originelle, et peuvent ainsi trouver grâce au moment où, soit vivants, soit morts, mais réformables encore, ils échappent aux pièges d'erreur ou de séduction semés à leur insu sous leurs pas avant la clôture définitive du temps.

Nous venons de démontrer que, quoique *général* en principe, le péché peut devenir une apparition *exceptionnelle* dans l'espace ou le temps; il est bien naturel alors de penser que peut-être il est à son tour, en sa généralité même, une exception dans un nouveau fait d'ordre encore plus général et perpétuel, et c'est en effet ce qu'il faut dire. Pour le démontrer, nous reprendrons la considération des deux couches d'êtres *inférieurs* des deuxième et troisième degrés. L'*infinie-réalité* n'étant point évidemment une abstraction, et, le *phénomène objectif* étant aussi manifestement saisi de variation incessante, les rôles extérieurs des êtres *coordonnés*, que nous savons être réciproques, comportent eux-mêmes un changement, très-lent peut-être, mais — malgré son excessive lenteur — réel et compris entre des termes extrêmes, comme le *régressif* de 1^2 à 1^1, ou le *progressif* de 1^1 à 1^2. Or, parmi toutes les situations ainsi parcourables par les êtres de la classe moyenne, il y en a dont l'avénement ou la seule prévision peuvent choquer les tendances régnantes, et d'autres dont l'attente favorise au contraire singulièrement les tendances inassouvies. Alors, les uns se sentant favorisés et les autres mécontents, ils sont tous portés à donner cours aux velléités de *résistance* ou d'*entraînement* dont nous parlions naguère, et par là même à prendre parti pour ou contre l'ordre naturel primitif. Ils sont tous censés, d'ailleurs, également libres (sinon également tentés du dehors) de se prononcer dans un sens ou dans l'autre. Mais l'ordre, l'ordre divin ou primitif surtout, est notoirement favorable à tous dans la grande majorité des cas, et c'est seulement exceptionnellement ou fortuitement que, par-ci par-là, tantôt un être a lieu de se récrier contre une institution gênante, tantôt un autre juge une loi morale ou positive difficilement praticable à son avantage. Régulièrement donc, en premier lieu, l'ordre divinement régnant doit trouver incomparablement plus de partisans que le désordre qu'il s'agirait de lui substituer ; et comme, chez les êtres *coordonnés* réciproques, ici spécialement considérés, la pensée va d'un coup d'œil aux extrêmes et par là même aboutit instantanément de principe à fin ou de fin à principe, sans admettre la moindre considération incidente capable de modifier le sentiment, le parti qu'ils embrassent une première fois est aussi du même coup leur dernier choix ou leur avis définitif. La grande majorité d'entre eux choisissant *bien* d'après ce qui précède, le nombre irrévocable des gens de bien est donc aussi chez eux le plus grand nombre, et les mauvais sont l'exception.

12. Nous avons seulement parlé jusqu'ici du *premier choix* ; et par conséquent notre dernière conclusion ne vaut que pour ce cas particulier. En cas — nous ne dirons pas de réflexion, mais — de ce qu'on pourrait appeler lenteur ou morosité de caractère, il en serait tout autrement. En effet, dans cet acte de reprise par lequel on revient avec atermoiement sur ses pensées ou premiers mouvements pour en considérer les côtés flatteurs, avantageux, plaisants, au lieu de diminuer les chances de séduction, on les accroît au contraire, à peu près comme on accroît l'intensité d'un foyer en l'exposant plus longtemps au rayonnement d'une lentille convergente. La considération prolongée des mauvais côtés d'une sensation primitive agit comme un dissolvant qui, pénétrant de plus en plus de la surface de l'âme dans son intérieur, en détruit tous les points d'attache ou de raccordement avec le bien naturel, et renverse ainsi finalement le caractère. Un être originairement bon se pervertit bien plus

facilement par la fréquentation des méchants, qu'un méchant ne s'améliore en la société des bons ; et l'homme qui d'abord se fait à la fois en lui-même l'avocat du mal et le défenseur du bien, finit d'ordinaire bientôt par n'être plus que l'avocat et le défenseur du mal.

On pourrait ici vouloir retourner le raisonnement précédent contre ce que nous disions naguère (§ 10), et soutenir de la même manière que les graves déterminations spontanées des êtres de la classe moyenne ne sauraient plus être, à notre point de vue, réputées absolument irrévocables, comme nous le prétendons ; mais ce serait bien à tort, car les états des êtres ici comparés sont loin d'être identiques. Présentement, la question agitée par nous est une question d'*intensité* nullement entremêlée d'*extension* ; et, dans le § 10, au contraire, il s'agissait d'*extension* mêlée d'*intensité*. Dans ce dernier cas, l'être libre procédant intellectuellement à son premier exercice était censé radicalement tout bon, sous la forme t^3 ; c'est pourquoi, voulant se le dépeindre tel qu'il est alors au moment de s'exercer accidentellement, on est forcé de le concevoir délibérant, non-seulement entre tel ou tel *degré* d'exercice, mais encore entre telle ou telle *espèce* d'actes, de même par exemple que, prenant de la lumière *naturelle* et la voulant décomposer, on ne peut en déterminer (à ce point de vue) la quantité sans avoir préalablement résolu la question de qualité. Le physicien qui, prenant un gros faisceau de lumière naturelle, se contenterait de le diviser en petits filets distincts, la déterminerait-il réellement par cette division exclusivement quantitative? Nullement; il la diviserait ou l'amoindrirait, sans la décomposer : il ne la déterminerait donc point réellement et montrerait seulement en petit ce qu'on voyait d'abord en grand ; et chez les êtres libres surtout, cette distinction est essentielle, puisqu'il leur est facultatif de mettre dans leurs actes le degré d'application ou d'énergie qu'il leur plaît. La question d'extension ou de qualité prime donc essentiellement celle d'intensité ou de quantité; mais, parce qu'elle la prime, elle l'implique sans permettre pour cela la réciprocité. Prend-on par hypothèse d'un seul coup, tantôt un gros faisceau, tantôt un petit filet de lumière *naturelle* : on a manifestement dans les deux cas la qualité de la lumière actuelle également et parfaitement déterminée dans son *genre*. A la lumière *naturelle* substitue-t-on, avec la même indifférence ou variation de quantité, soit la lumière ordinaire O, soit la lumière extraordinaire E : on a de même, tour à tour, chacune de ces lumières également et parfaitement déterminée comme *espèce*. Veut-on aller plus loin et se placer dans un cas de simple détermination accidentelle et quantitative : on le peut bien, mais la quantité de lumière alors considérée sera forcément toujours ou *naturelle* ou *polarisée*, sans qu'on puisse jamais faire dépendre de l'indice *quantitatif* adjoint, l'indice *qualitatif* sous-jacent ou fondamental.

A l'exemple précédent, pris de l'ordre physique, substituons maintenant le suivant, pris de l'ordre moral. Soit un être capable des plus hautes fonctions civiles et susceptible d'ambition : libre de s'abandonner à cette affection, il s'y livre; mais comment la satisfera-t-il ? Deux voies lui sont ouvertes : il peut vouloir dominer dans l'ordre religieux comme pape, ou dans l'ordre temporel comme empereur, et sous ce double rapport on ne saurait dire que le monde extérieur exerce sur lui la moindre influence immédiate ou même prochaine, car il dépend bien de lui-même et de lui seul de se déterminer entre les deux carrières. Supposons alors qu'il opte pour l'état politique et veuille être empereur : dès ce moment, quoique foncièrement ou *subjectivement* actif toujours sous la forme potentielle 1³, il doit passivement se résigner à ne fonctionner *objectivement* (par opposition à l'ordre *religieux*, du moins) que sous la forme moyenne de degré moindre 1², caractéristique de tous les pouvoirs rivaux ; et s'agit-il même finalement de mettre la main à l'œuvre ou d'exercer de fait sa suprême puissance, il n'aura pas le choix de l'appliquer où il voudra, mais devra, bon gré malgré, la gérer sous la forme la plus passive 1¹, dans l'état, grand ou petit, seul ouvert par le destin à son ambition, comme en Allemagne ou dans le Brésil. La question ne se pose plus maintenant de la même manière, si l'on suppose prêt à se lancer au dehors un être originairement confiné, par l'exclusion de certains autres emplois également possibles, en un seul ouvert (n'importe pour quel motif) à son activité. Continuant bien alors à subsister radicalement sous la forme 1^3, mais réduit au seul emploi subalterne de la forme $1'$, symbole d'une direction unique, il n'a plus qu'une seule manière de satisfaire son ambition présupposée persistante, en s'élançant dans la carrière ouverte. Mais pourquoi, libre, ne préférerait-il point, au parti d'y marcher servilement, celui d'y renoncer spontanément, afin de rester objectivement aussi libre qu'il l'est déjà subjectivement sous la forme 1^3? Car, qui ne s'attache à rien ne se démontre par là même impropre à rien; et dans ce cas l'entière rupture avec la contingence peut être ou devenir, pour l'être en apparence déshérité de tout, le point de départ vers la suprême grandeur ou sa réhabilitation morale universelle.

13. Un être actif, même doué du triple degré de la puissance, tant interne qu'externe, n'a pourtant, disions-nous tout à l'heure, que deux moyens de donner carrière à son ambition, s'il en a : c'est de se poser sous l'une ou sous l'autre des deux formes *politique* ou *religieuse*. Mais

un être réduit à l'état élémentaire 1^1, libre de se ranger sous l'une ou sous l'autre de ces deux formes présupposées correspondre chacune à la formule 1^2, peut encore adopter le parti du simultané renoncement à toutes deux et rester ou mieux se rétablir dans son état primitif d'indépendance et de liberté complète 1^3. Cet état 1^1, du plus bas étage, où l'on peut se trouver relégué par la nature même des choses aussi bien que par choix, en même temps qu'il implique un très-grand désavantage relatif, peut donc être par compensation le principe d'une infinie grandeur personnelle inaccessible par d'autres voies, et devenir par là même une nouvelle preuve de l'axiome que les extrêmes se touchent ou se confondent. Ces différences une fois observées ou constatées, il nous importe cependant de revenir sans plus tarder à la question, un moment délaissée pour elles, du numérique accroissement des mauvaises personnalités objectives-subjectives, par ce que nous avons appelé (§ 12) lenteur ou morosité de caractère. La subite et totale renonciation à tous les avantages extérieurs est un acte héroïque d'immolation ou de mort volontaire, qui ne se produit que très-rarement en comparaison du grand nombre des actes inverses par lesquels on se livre sans réserve à la recherche des grandeurs sociales ou des plaisirs sensibles. Non-seulement, *individuellement* on se laisse ainsi dominer par une foule d'affections ou de passions de plus en plus exigeantes et par là même finalement insatiables; *collectivement*, on s'inspire encore des mêmes besoins indéfinis, et, cette infection se répandant ainsi de proche en proche dans tout le corps social, il s'ensuit qu'un mal une fois introduit en aussi petite quantité qu'on voudra dans une *individualité*, *famille* ou *race*, doit finir par envahir infailliblement toute l'individualité, la famille ou la race attaquées, de manière à ne laisser rien de sain en elles. Autant donc le bien l'emporte sur le mal dans le *premier choix* des êtres libres originairement bons, autant le mal l'emporte à son tour sur le bien dans le second choix fait après un commencement d'infection longuement entretenue dans l'intervalle des deux; et, de même qu'alors à l'origine des choses le bien seul existe et le mal n'est rien, au dénouement définitif de la création universelle le bien doit sembler réduit à rien, et le mal être au contraire tout. Dans ce sens, le bien est le commencement de tout, et le mal la fin de tout.

14. N'outrons rien, cependant. Disant que le cours des choses va du bien extrême au mal extrême, nous n'entendons aucunement insinuer que le contraire n'existe pas, car le bien et le mal sont simultanément aux deux bouts à la fois, pour s'y combattre avec la même ardeur; mais ils y sont inversement. Au commencement, le bien, pleinement déployé sans rencontrer nulle part le moindre indice de contradiction, apparaît seul réel, tandis que le mal réside obscur à l'ombre de l'imaginaire. A la fin, au contraire, le mal ayant déployé tous ses étendards, le bien, devenu concurremment (par opposition et concentration) de positif négatif, apparaît résider à son tour à l'ombre de l'imaginaire, comme le feu sous la cendre. Mais l'Esprit sain, solide, éternel, ne se règle point sur les seules apparences, et, sous les apparences même de la mort, il est et reste vivant. D'abord, il a trois manières secrètes d'agir et d'atteindre

simultanément partout, sans égard aux distances, suivant les trois axes ou plans principaux de la sphère, et nous avons eu déjà (§ 12) l'occasion de faire observer qu'il s'y peut exercer arbitrairement avec tous les degrés imaginables d'*intensité* ; bien plus, que, variant incessamment ainsi de jeu, sa personnalité, quelle qu'elle soit, c'est-à-dire *sensible, intellectuelle* ou *virtuelle*, reste toujours la même. Supposé qu'alors, à la variation d'*intensité* s'adjoigne une variation quelconque d'*extension*, la personnalité se conserverait-elle également invariable ? Non certes, et c'est ce que nous allons examiner présentement.

On sait par tous les éclaircissements déjà donnés que l'*Un objectif absolu* surmonté de trois *Absolus-relatifs*, est l'Être divin ; que l'Un *absolu-relatif* ou personnel, surmonté de trois *objectifs-relatifs*, est (comme trois fois réitérable) ou l'une ou l'autre des trois personnalités divines appelées *principe, fin, moyen*, et que, en outre, chaque personnalité divine restant dans son rôle *objectif* primordial, quels qu'en soient d'ailleurs les plans ou degrés d'application, n'emploie jamais qu'une seule direction, la *longitudinale*, à ses yeux, alors toujours parallèle à l'un des axes principaux. Il est cependant bien manifeste que cette première manière d'agir n'en saurait épuiser l'infinie fécondité primitive, car, à son action élémentaire dite *longitudinale*, elle peut en adjoindre une autre *plane*, simultanément longitudinale et transversale ; et, à cette autre plane, elle en peut adjoindre encore une autre *solide*, simultanément longitudinale, transversale et verticale. Le caractère *réel* ou *personnel* de l'action dite *longitudinale* une fois admis, il devient assurément impossible d'attribuer le même caractère aux deux actions *plane* ou *solide* lui faisant suite, et qui sont alors censées seulement *formelles* ou *virtuelles* ; mais aussi cette attribution n'est pas encore nécessaire en qui n'est point déjà sorti de l'être divin, bien qu'on en puisse sortir évidemment, comme il est aisé de s'en convaincre par cette double observation : d'abord, que, concourant toujours en manière de composantes, les deux actions *longitudinale* et *transversale*, imaginairement égales chacune à 1^2, émettent une *résultante* unique de même forme, et puis que, pareillement, les trois actions *longitudinale*, *transversale* et *verticale*, combinées toujours sous même forme en guise de composantes, émettent une nouvelle *résultante* analogue à la précédente et seulement plus compliquée. Sans contredit, les trois actions *longitudinales* divines ou radicales sont, à la fois et chacune en leur *genre*, objectivement et subjectivement simples. De leur côté, les *résultantes* des deux composantes *longitudinale* et *transversale* ne sont plus objectivement simples, mais elles le sont subjectivement au même titre que les *actions longitudinales* divines, dont elles se distinguent par leur direction ; et nous les nommons *angéliques*. Enfin, et pour les mêmes raisons, les *résultantes* des trois actions *longitudinale*, *transversale* et *verticale* réunies, considérées à leur tour comme objectivement complexes et subjectivement simples, sont les personnalités les plus particularisées dites *humaines*.

15. Une fois qu'on a bien conçu, d'abord les trois personnalités *divines*, respectivement égales aux trois *amplitudes axiales* infinies de la sphère

figurables une à une par 1^3; puis les personnalités *angéliques*, égales aux *résultantes* des personnalités divines associées deux à deux, entre lesquelles elles s'interposent sous la forme 1^2; et enfin les personnalités *humaines*, égales à leur tour aux *résultantes* des personnalités divines associées trois à trois, avec l'intermédiaire obligé des couples angéliques leur servant de diviseur $\frac{1^3}{1^2}$, d'où leur vient la forme élémentaire 1^1, on n'est pas seulement en état de comprendre comment ces trois sortes de personnalités s'échafaudent les unes sur les autres avec leurs caractères spécifiques respectifs, d'éternité et d'instantanéité pour les premières, de constance et de très-considérable grandeur ou célérité pour les moyennes, ainsi que de pure ou matérielle actualité pour les troisièmes; on doit, en outre, aussi facilement reconnaître que, pouvant toujours retirer de leur intime identification avec les personnalités *divines* une véritable immanence ou perpétuité d'existence absolue, les personnalités *angéliques* et *humaines* ne sont point encore subsidiairement incapables de se prêter leurs avantages respectifs, et par conséquent les *humaines*, d'emprunter aux *angéliques* leur constance, ou les *angéliques* d'emprunter aux *humaines* leur mutabilité. De cette manière, par prédisposition originaire ou par accommodation subséquente, tout deviendrait commun entre elles; mais les rôles *primitifs* spéciaux n'en resteraient pas moins distincts, et toujours, par exemple, les divines resteraient principes de *position*, les angéliques de *direction*, et les humaines de *variation*. Mais ce que nous devons ici surtout remarquer, c'est l'apparent décroissement du bien et l'apparent accroissement du mal depuis l'*origine* du divin jusqu'au *terme* de l'humain ; car, constitués d'*abord* l'un envers l'autre, dans le rapport de réel à imaginaire $= \frac{1}{0}$, le bien et le mal subsistent *finalement* dans le rapport d'imaginaire à réel $= \frac{0}{1}$. Ce démêlement s'opère dans les circonstances suivantes.

S'appliquant en tous sens les premières à la fois, les trois personnalités *divines* qui sont, d'une part (comme éternelles, universelles et nécessaires) la base incessante du possible, et d'autre part (comme simplement actuelles, inatantanées et élémentaires) les vrais principes du réel, ne donnent suite à rien et commencent tout. Au moment où, par hypothèse, un tel ensemble se produit entre elles, l'infiniment grand et l'infiniment petit, se combinant l'un avec l'autre, donnent naissance à des Touts qui sont principalement remarquables par le caractère ou le degré de leur résultante. Car si les Touts restent imaginaires ou formels par le rôle incessamment distinct des activités personnelles intégrantes, ils reproduisent la triple unité radicale de l'être absolu divin et subsistent à part, sous la forme 1³, comme autant de *Soleils* doués de toutes les forces naturelles. Mais si les Touts, au lieu de fonctionner ainsi comme des centres-foyers *généraux*, fonctionnent au contraire comme centres-foyers *spéciaux*, par l'habituelle combinaison deux à deux des trois activités personnelles intégrantes, la réduction du troisième degré de puissance au second de la personnalité résultante en fait nécessairement descendre la manifestation objective au rang secondaire de *planète*. Enfin, la pensée peut encore s'exercer différemment sur les groupes formels déjà donnés des personnalités divines intégrantes, et, dépassant les deux modes d'association *ternaire* et *binaire* précédents, vouloir descendre jusqu'à l'*unitaire* par la considération, non-seulement distincte, mais séparée de chacune des composantes ; et pour lors la résultante apparente existe sous la forme singulière $1'$ de *satellite*. Les résultantes graduées, comme les trois expressions $1^3, 1^2, 1'$, qui se succèdent rationnellement dans l'ensemble présupposé tout d'abord indistinct des trois personnalités divines, sont également divines en principe, puisqu'elles sont un produit immédiat des mêmes personnalités ; mais voulons-nous passer aussitôt de la considération de leur *origine* à celle de leur propre *fonctionnement* ultérieur, le cas change du tout au tout, car, en *principe*, elles représentent le seul être divin manifesté par leur moyen, et, dans leur *fonctionnement*, elles laissent ou font plutôt intervenir successivement les modes extérieurs de groupement ou d'exercice *trois-à-trois*, *deux-à-deux* et *un-à-un*, d'où peuvent et doivent s'ensuivre, en empirant toujours, de tout autres mobiles, jugegements et volontés.

Assimilons ici, pour fixer les idées, les Soleils à des pères, les planètes à des mères, et les satellites à des enfants : il est évident que des êtres ainsi différenciés doivent différer essentiellement par leurs impressions, leurs idées et leurs goûts. Ils ne laissent point, malgré cela, d'être toujours *personnels* aussi bien que réels en principe, comme institués par des actes *singuliers* fondamentaux, et respectivement primitifs, secondaires ou tertiaires, dans l'ensemble des trois personnalités radicales intégrantes. Mais ceux d'entre eux qui résument l'œuvre originaire des mêmes personnalités en ensemble *subséquent*, fidèle image de l'*antécédent*, continuent évidemment d'être dominés par le divin, et sont ainsi comme *plus dirigés en dedans qu'en dehors*. Ceux qui les reproduisent, au contraire, en ensemble *subséquent*, sinon hostile, au moins disparate à l'*antécédent*, ou, sans rompre avec lui, subsistent côte à côte avec indépendance, flottent en quelque sorte *indécis entre le dedans et le dehors* et peuvent être qualifiés d'indifférents. Enfin ceux qui, plus avancés, ne conservent à peu près rien de l'œuvre originaire des personnalités radicales ou ne la reproduisent qu'en sens contraire de sa première institution, subsistent en intrinsèque et perpétuelle rupture *avec le dedans* et n'appartiennent plus désormais qu'*au dehors* par leurs tendances ou volontés.

Puisque les trois *espèces* de personnalités hiérarchiques admises diffèrent essentiellement par leur fonctionnement, et que le fonctionnement propre en est moins caractérisé par le principe que par la fin ou le terme, considérons-en les bouts respectifs, et nous comprendrons alors sans peine que, au bout *divin* obtenu par exercice *rentrant* où le bien est à son apogée, le même exercice y peut, sinon immédiatement, au moins médiatement ou par complication d'intérêts distincts propres aux personnalités *du second ordre*, subir une *inflexion* déformatrice, et par là même tourner occasionnellement au mal. Mais, par la même raison, à l'autre bout *humain* atteint par exercice *excentrique* complet, le même exercice mieux jugé par expérience de ses funestes effets peut subir à son tour une *inflexion* analogue et tourner par conséquent, de mal à bien. C'est donc seulement du ressort *angélique* compris entre ces deux extrêmes que peuvent venir non-seulement les occasions d'opter entre le bien et le mal, mais encore les incitations à changer de voie, puisque naturellement tous les êtres cheminent en premier lieu dans la voie du bien.

16. Essayons de nous faire une idée des revirements ainsi produits. En principe, le bien seul apparaît; et le mal, tout mal est alors seulement imaginaire. Néanmoins, ce dernier, quoique imaginaire, ouvre la porte aux désirs ou velléités de changement, et par suite acquiert une certaine influence, — celle qu'on veut bien lui donner sans doute, mais dont il ne manque point de se saisir avidement à son profit; et plus il gagne ainsi du terrain, plus le bien en perd. Or, au fur et à mesure que le mal prend ainsi de l'*extension*, il est mécaniquement inévitable qu'il diminue proportionnellement en *intensité* réelle; et, par la même raison, le bien, qu'il refoule de plus en plus, doit regagner en *intensité* ce qu'il perd en *extension*. Le jour arrive-t-il, enfin, où

le mal devient universel : ce même jour en doit donc être aussi la fin ; car le bien, atteignant en même temps son suprême essor, brise subitement les chaînes dont il pouvait apparaître à jamais étreint, et reforme le monde aussi libre, aussi pur, aussi parfait qu'à l'origine.

Mais comment le mal, d'abord seulement imaginaire, commence-t-il à prendre corps ou forme ; et comment, ayant pris une fois corps et forme, se développe-t-il ? C'est tout simple : il prend corps et forme par son alliance avec la *liberté*, dont le caractère se transforme, par cette seule adaptation volontaire du mal, en *licence*. Le mal naît parce qu'on le veut ; si nul être ne le voulait, il resterait imaginaire. La mauvaise volonté fait le mal réel. Les *motifs* de le vouloir ne sont point originairement dans le *subjectif*, mais dans l'*objectif*, comme, par exemple, dans la lumière tour à tour brillante ou obscure, dans l'air tour à tour calme ou agité, dans le mouvement général tour à tour harmonieux ou dissonnant, etc. Du dehors, cette agitation ou variation pénètre au dedans des êtres par leur intelligence, non toutefois déjà pour l'obscurcir, mais pour la stimuler et l'aider à fournir en temps utile une occasion au vouloir. Mais le goût s'éveille ou s'excite avec l'accroissement de connaissance, et, pendant que l'intelligence étale ses formes dans l'esprit, le goût y mêle ses propres inspirations. De cette manière, l'objectif, *internisé*, se trouve aussi du même coup *subjectivé*; l'esprit libre, muni de ce double stimulant, en tire la résultante pratique qui lui plaît, bonne ou mauvaise; et, dans la supposition d'un mauvais choix, le mal une fois introduit n'a pas de peine à s'accroître ensuite sous l'influence combinée des *exemples*, des *provocations* et des *institutions*.

Pour se mal déterminer en parfaite connaissance de cause sans mauvais précédents quelconques physiques, intellectuels ou moraux, il faudrait un esprit tel qu'il n'en existe point. Mais un esprit libre, dont le Sens compromis ébranle la première assiette, et dont l'Intellect perplexe laisse l'avenir indécis, *bien qu'alors le goût moral lui recommande instamment de ne pas agir et d'attendre*, peut vouloir courir les chances du sort et sacrifier le goût *moral* aux goûts *physiques* ou *formels* concomitants;

et c'est là la véritable origine, tant objective que subjective, du mal. Ce premier pas une fois fait, les progrès du mal sont naturellement proportionnels à la puissance ou qualité des renforts lui venant ensemble ou séparément du monde extérieur.

17. Supposée radicalement privée de tout mauvais exemple, appui, conseil, une mauvaise volonté peut bien être conçue, mais se garde bien d'éclater ou reste latente, en attendant l'occasion favorable de se faire jour au dehors en proportion des succès espérés ou prévus ; mais ce temps d'incubation peut être long, et, quand surtout le bien seul règne en maître avec une autorité que rien ne limite, l'Esprit mauvais, extraordinairement concentré, doit éprouver un besoin d'expansion immense : il est alors exclusivement intensif. Trouvant plus tard une occasion d'agir, il en profite avidement et commence ainsi de se montrer, au moins par signes tout d'abord peu compromettants. Mais de simples signes n'effraient pas ; le bien, à peine averti par là de veiller sur lui-même, ne s'en émeut point. Au con-

traire, le mal, profitant de sa tolérance, s'ingénie à trouver des partisans, entraine les faibles, aboutit à se faire un parti puissant, et devient ainsi capable de balayer devant lui tout ce qui lui résiste. A quoi le comparerons-nous alors? Nous le comparerons au *germe* végétal, semé en bonne terre, dont l'énergie vitale se décèle d'abord par une petite pointe, mais qui, plus tard, devient plante, arbuste, peut-être même un arbre gigantesque et recouvrant de son ombre toutes choses. D'où pourrait cependant venir au mal, tout négatif en principe, une énergie si considérable? Nous admettons bien que son énergie n'est et ne peut être jamais qu'une énergie de résistance; mais n'est-il pas prévenu par le bien, instituteur précoce de bons exemples, de salutaires incitations et de lois excellentes? Le mal, lui succédant alors, s'enrichit de ses dépouilles, en copie les institutions, en imite les procédés, s'en approprie toutes les richesses, et s'installe ainsi dans ses *demeures* en conquérant victorieux.

Ce mot de *demeures*, que nous venons de prononcer, ne nous est pas échappé par mégarde, et renferme un grand sens qu'il s'agit actuellement d'approfondir : il n'est pas autre que *l'essence même du règne végétal*, identifiée déjà depuis longtemps par nous (3ᵉ série, nº 7) à la régulière superposition des quatre espèces de mouvements coniques *circulaire, elliptique, parabolique* et *hyperbolique*. Le règne végétal est bien le *théâtre apparent* de cette belle organisation de mouvements, mais il n'en est point le *principe* ni le *terme* ; et le *siège réel* en est, ou dans l'invisible agencement des corps célestes sur les mêmes types, ou dans les mêmes formes d'associations terrestres en groupements domestiques, civils ou religieux. Dénommant naguère (§ 15) les Soleils *pères*, les planètes *mères*, et les satellites *enfants*, nous faisions allusion aux agrégations célestes angéliques et terrestres humaines, dont les types communs se retrouvent identiquement figurés dans le règne végétal. Que, maintenant, ce dernier règne offre *objectivement* réunis en lui simultanément tous les quatre mouvements précités, il n'y a point d'inconvénient en cela dans un pareil ressort, où par hypothèse le *subjectif* évite encore absolument d'intervenir ; mais, si l'on se rappelle ce que nous avons déjà dit (§ 9) du traitre rôle de l'*infini* abstrait pour l'égarement des personnalités contingentes, et qu'on remarque également la présence de plus en plus accentuée de cette pomme de discorde dans les deux mouvements *parabolique* et *hyperbolique*, on comprendra de suite qu'il n'est pas possible de ranger indistinctement les quatre mouvements au nombre des inoffensifs, mais qu'ils doivent se distribuer en deux classes, le *circulaire* et l'*elliptique* inoffensifs constituant la première, le *parabolique* et l'*hyperbolique* de plus en plus pernicieux constituant la seconde. Comme, cependant, tous les quatre entrent pêle-mêle dans le phénomène *objectif* de la végétation, les personnalités tant humaines qu'angéliques portant les yeux sur les produits de ce règne y doivent voir ou rencontrer des yeux ce qu'il ne leur est permis d'imiter qu'à demi, la loi morale ne leur permettant point de reproduire *en mouvement régressif* l'image entière[1]

---

[1] *De fructu lignorum quæ sunt in paradiso, vescimur : de fructu verò ligni, quod est in medio paradisi, præcepit Deus ne comederemus, et ne tangeremus illud, ne fortè moriamur.* Gen., III, 2 et 3. Toute puissance *circulairement* ou *elliptiquement* rotatoire touche le fruit défendu quand

du possible; mais cette loi devait surtout atteindre en principe les personnalités humaines, objectivement plus complètes que les angéliques.

Au § 15, nous avons caractérisé, si l'on veut bien s'en souvenir, les trois sortes de personnalités *divines*, *angéliques* et *humaines*, en les assimilant à trois amplitudes ou longueurs respectivement *linéaires*, *planes* ou *solides*, comme s'exerçant en manière de ligne, de surface plane, ou de surface conique. Étant et restant simples, les Divines linéaires sont dans un état d'innocence indéfectible, puisqu'elles excluent irrévocablement en elles, du subjectif réel, l'objectif imaginaire, incapable de jamais s'implanter alors dans le *simple*. Au contraire, admettant déjà deux directions dans leur sein, les Angéliques planes s'ouvrent nécessairement par l'une d'elles à l'objectif; mais comme cette dernière est encore unique et vierge, elle s'affilie au subjectif sans le gêner sensiblement, et lui permet de s'en tenir constamment à ce premier mode de *complication*

elle tourne au mouvement *parabolique*, et le *mange* quand elle arrive à l'*hyperbolique*. L'arbre de la science ne fut donc qu'un symbole et en tira son nom.

initiale, synonyme alors d'*innocence temporaire*. Le moment arrive-t-il, enfin, où l'Homme entre subjectivement en scène avec sa triple composition préalable de directions subjectives internes ; pour peu qu'il agisse ou se détermine objectivement, il entraîne objectivement autant d'actes entiers de rénovation ou de révolution qu'il en émet de subjectifs donnant le branle au mouvement ; et nulle de ses déterminations n'est ainsi possible sans être accompagnée de décentralisation complète *avec* ou *sans* rappel possible, comme dans la *parabole* ou l'*hyperbole*[1]. L'ange a donc, en fait d'actes, moins de latitude objective que l'homme ; mais, en revanche, il a l'esprit plus prompt et la pensée plus large : il peut donc le devancer formellement en espace et temps, et n'a besoin du concours de l'homme que pour

---

[1] De peur que le lecteur ne saisisse pas bien ce que nous venons de dire sur les trois personnalités *divines*, *angéliques* et *humaines*, nous le traduirons en langage de physicien, et dirons pour cela : que les premières subsistent en état de *complet isolement* de l'objectif ; que les secondes sont, pour faits habituels d'*induction*, en état d'*isolement imparfait* ; et les troisièmes, pour entière *confusion* du subjectif et de l'objectif, en état d'*isolement nul*.

l'exécution de ses projets. Séditieux, il doit, s'il veut réussir, entraîner l'homme dans son parti. Quel moyen peut-il employer à cette fin ? Le *langage*.

18. Il y a deux sortes de langages sur lesquels nous croyons inutile de nous arrêter présentement, à savoir : le *naturel*, entendu de toutes les intelligences non abruties ni perverties, et le *conventionnel*, équivalemment arbitraire en ses termes introduits par un raffinement de pensées ou de sentiment dans le naturel. Le langage *conventionnel* est surtout *humain* ; mais, au principe des choses, il n'y avait pas de raison pour que l'ange et l'homme ne fussent réduits à la fois au langage *naturel* et ne parlassent par conséquent la même langue, dont les divers sens leur devaient apparaître représentés partout, notamment chez les végétaux, par leurs formes, et chez les animaux par leurs formes, leurs mouvements ou leurs cris. Car nous ne devons pas nous mettre en peine de la source où les êtres intelligents, tant humains qu'angéliques, pouvaient avoir puisé le trésor d'idées innées nécessaire pour l'établis-

sement ou l'entretien de cette correspondance : une seule idée *concrète*, par exemple, celle de la *conscience*, en implique (comme nous l'avons démontré §§ 4 et 5) un certain nombre d'autres très-aisément assignables, telles que celles d'*activité*, de *sujet* et d'*objet*, de *principe*, de *fin* et de *moyen*, qui savent surgir ou devenir distinctes au besoin, sans qu'on s'en mêle ; c'est pourquoi, partout où l'on découvre une relation quelconque, on discerne du même coup le genre, le mode ou le degré de la puissance qui se manifeste par là. D'ailleurs, rien ne nous interdit d'admettre, en même temps un certain concours des trois personnalités divines sous-tendantes, et particulièrement de l'Esprit ou de l'Intellect divins, intimant, par exemple, aux personnalités du second ou du troisième rang, la défense d'outrepasser, dans leurs tendances ou leurs actes, la limite entre les deux mouvements *elliptique* et *parabolique*, puisque le franchissement de cette limite peut et doit être leur perte. Comme émanant des personnalités divines, cet ordre pourrait passer pour une révélation surnaturelle ; mais, comme intuitivement perçu sans discontinuation par les

— 83 —

personnalités d'ordre inférieur, il peut tout aussi bien passer pour une injonction de l'instinct de conservation ou de leur propre nature, et voici pour lors dans quelle situation elles se trouvent.

D'une part, elles contemplent l'admirable épanouissement du règne végétal, qui leur offre le spectale des quatre mouvements coniques associés sans exception, et par conséquent aussi celui du passage des deux premiers aux deux derniers, sans la moindre contradiction ni difformité *sensibles*; d'autre part, défense expresse leur est faite par l'*Esprit* ou l'*Intellect* divins de tenter ou même de songer à tenter ce fatidique passage, s'ils ne veulent encourir l'irrémédiable peine d'une mort éternelle et temporelle. En pareille occurrence, pour mieux mettre en saillie les rôles ou caractères des personnalités angéliques et humaines admises à conférer ensemble sur la conduite à tenir, la Tradition les réduit en principe (*et, socialement, on ne conçoit rien sans principe*) au nombre de deux, qu'elle suppose alors, d'abord, en présence d'un bel arbre réel chargé de fruit agréable à voir et bon à manger, puis, l'une ou l'*humaine*, plutôt du sexe féminin que du masculin, et l'autre ou l'*angélique*, plutôt apparente ou déguisée sous forme astucieuse serpentine, que sous celle de tout autre animal doux ou féroce. Toutes ces déterminations nous semblent parfaitement indiquées ; car, au lieu d'être incompatibles avec la marche vers l'identification du réel et de l'imaginaire ou du subjectif et de l'objectif, elles y concourent évidemment ; et d'ailleurs, dans l'état de grâce originaire, il est également bien manifeste que chez l'homme la grâce devait prévaloir sur la force, comme chez l'ange l'emploi de la ruse devait précéder le recours à la violence. Le mal voulant supplanter le bien tend naturellement à son but par les moyens d'insinuation les moins propres à provoquer la résistance ; et les motifs cette fois allégués ou goûtés d'une ou d'autre part pour en assurer le succès sont bien encore tout ce qu'ils pouvaient et devaient être, c'est-à-dire, le *plaisir et l'avantage d'obtenir d'un seul coup et par un acte hardi le complet nivellement, tant subjectif qu'objectif, du subjectif et de l'objectif l'un avec l'autre*: trame assez bien ourdie pour la forme, mais bien imprudente et vaine ou même funeste au fond, puisque le complément réel à se donner n'était rien moins que la mise en pratique du progrès en arrière avec final épuisement prochain de l'activité dans les brûlantes ardeurs du Sens physique[1].

19. Les effets de ce fatidique coup d'essai ne pouvaient être que mortels et perpétuels, avec les degrés d'atténuation requis par les circonstances de la chute. Nous les distinguerons en *spéciaux* ou *généraux*. Les *spéciaux* ont trait aux personnalités prévaricatrices ; les *généraux* concernent les rapports d'ensemble des deux sortes de personnalités angéliques et humaines prises dans leur totalité.

Particulièrement envisagés, les effets *spéciaux*

---

[1] Nous reviendrons dans le prochain n° 10 et suivants sur beaucoup de questions que nous ne pouvons actuellement approfondir. La plus importante de ces questions aurait trait au bouleversement opéré dans la *nature psychique* de l'Homme par le péché originel ; mais comment la résoudre si déjà l'on ne sait ce que la même nature était et devait être en son état *normal* primitif ? Nous sommes donc forcé d'en renvoyer à plus tard la solution (4° série, n° 8).

se sous-divisent en *positifs* et *négatifs*. *Négatifs*, ils proviennent de sociale réversion du péché d'origine de ses auteurs sur leurs proches ou conjoints naturels par voie de descendance, et consistent, pour ces derniers, susceptibles d'états supérieurs et mêmes prédestinés d'avance par grâce à ces mêmes états, en l'empêchement d'y jamais parvenir, au moins dans l'ordre actuel d'épreuve dont ils font partie. *Positifs*, ils consistent à précipiter dans un état irrémédiable de dégradation et de misère proportionnel à leur participation au péché d'origine, toutes les personnalités qui s'en sont rendues coupables par initiative ou complicité, dans le double ordre des anges aux cieux ou des hommes en terre.

Les effets *spéciaux* dont nous venons de parler, sont les effets *désastreux* du péché originel ; mais au lieu de n'avoir que des effets désastreux, ce même acte a pu devenir, par sa face passive, l'*occasion* d'insignes *bienfaits* pour la création entière, et tels en ont été les effets *généraux* que nous allons tâcher de décrire succinctement.

20. Considéré dans toute sa généralité, le

péché originel perpétuel peut être défini : le constant et progressif démêlement, entre deux époques déterminées, du bien et du mal.

Ce qui fait présentement le malheur du monde, ou rend partout les révolutions inévitables et maintient l'inquiétude et l'agitation dans les esprits, est le mélange des forces contraires. Par ce remuement incessant qui n'est qu'une continuation du débrouillement du chaos primitif, la nature nous montre qu'elle est encore dans le travail de l'enfantement ; mais le terme de cette lente et douloureuse parturition universelle est bien évidemment, comme celui de la parturition maternelle, la séparation du fruit attendu d'avec le principe producteur, ou le total démêlement des forces opposées, temporellement associées mais finalement incompatibles. Parmi ces forces opposées, figurent au premier rang la *subordination* et l'*insubordination*, la *sagesse* et la *folie*, la *foi* et l'*incrédulité*.

La nature a ses lois, physiques ou autres, qui ne changent jamais ; mais l'homme inquiet ne les accepte jamais volontiers et cherche toujours le plus qu'il peut à s'y soustraire pour changer d'état, en pensant qu'il n'est jamais ce qu'il pourrait ou devrait être. Son esprit ne serait point point ainsi changeant d'assiette à chaque instant s'il était vraiment libre, ou mieux s'il ne voulait user de sa liberté que pour se conformer à la nature. Mais non : à quoi lui servirait la liberté, se dit-il, si l'on ne devait en user que pour la récuser ? A ses yeux, alors, plus on renie la nature, plus on est libre ; et c'est ainsi l'indépendance de la fantaisie qu'il érige en règle absolue de ses inspirations ou volontés. Mais opposer entre elles la nature et la fantaisie, c'est comme vouloir et maintenir ensemble le feu et l'eau : c'est associer les contraires.

Nous devons dire la même chose de la sagesse et de la folie. Quel est l'homme pleinement sage ou pleinement insensé ? Une semblable disposition d'esprit serait une merveille. Ici-bas, jusque chez la même individualité, la raison et l'insanité marchent constamment, quoique en général à divers degrés, ensemble ; et l'on peut dire en conséquence que, entre tous les hommes, le plus sage est le moins insensé, comme le plus insensé le moins sage. Pour s'assurer que ces réflexions ne sont point un vain discours, il suffit à chacun d'examiner quelles sont toutes les pensées qui lui passent par la tête pendant un simple demi-quart d'heure.

Mais encore, comme simultanément incrédule ou croyant, notre esprit offre le spectacle de la même contradiction. Quelqu'un a dit un jour, non sans raison : gens incrédules, les plus crédules. Mais un autre a dit avec le même droit : la crédulité est une mère que sa propre fécondité étouffe. Et d'où peut nous venir alors ce perpétuel mélange de contraires ? Il vient de ce que, ici-bas, nous ne voyons jamais les choses que par une face, ou bien nous ne les saisissons que par un bout, car il suit immédiatement de là que, voulant avoir des Touts, nous n'y pouvons jamais réussir, sauf à gratifier arbitrairement de ce nom les assemblages les plus bizarres ou les plus monstrueux, reflétant eux-mêmes sur notre esprit les mêmes défauts.

Cependant il est indispensable, urgent pour notre repos, que cet état incomplet et l'agitation qui s'ensuit prennent fin le plus tôt possible ; car notre sentiment, notre goût, notre raison, se révoltent à la fois contre une pareille incohérence intrinsèque. Qu'est-ce qui donc pourrait alors remédier à ce mal *personnel*? Tout bien considéré, nous n'y voyons pas d'autre remède que la liberté laissée ou donnée à chacun d'aller jusqu'au bout où il tend, sans engager ni contraindre personne. Telle serait, par exemple, la liberté laissée à l'être partiellement mais *principalement* insubordonné, déraisonnable, incroyant, d'arriver à l'extrême licence, démence ou incrédulité. Telle serait également la pleine liberté laissée aux dociles, sages ou fidèles, de l'être autant qu'il leur plairait. Supposons, en effet, qu'il en fût ainsi : tous les êtres à caractères si fortement tranchés se partageant d'eux-mêmes en deux camps dont aucun ne saurait rien envier à l'autre, il suffit alors d'admettre entre les deux camps un tel écart, imaginaire ou réel, que rien de ce qui se passe dans l'un ne puisse trouver d'écho dans l'autre, pour avoir tout le monde content, sinon *d'être ce qu'il est,* au moins *d'être où il est*. Or le péché originel et les luttes qu'il a déchaînées ont précisément pour fin de pousser incessamment à cette affirmation des caractères opposés, dont la manifestation est l'indispensable condition d'une séparation universelle et définitive, mais radicalement aussi libre et volontaire, des bons et des méchants. Donc, puisque cette séparation est un bien général, le péché originel peut et doit, indépendamment de ses mauvais effets directs, en produire indirectement d'autres essentiellement communs à tous les êtres intéressés et bien suffisants alors pour en expliquer et justifier — par leur perfection ou leur excellence relative — l'existence, sous le régime théocratique du Bien.

FIN.

TABLE DES MATIÈRES

	§§
Avant-Propos..................................	
Introduction et définitions préliminaires......	1
De la connaissance en général et en particulier, abstraite et concrète, etc.............	4
Définition et formules de la personnalité une ou triple, sérielle ou verticillaire, etc......	6
Caractère contradictoire, infini, des personnalités et ses conséquences.................	7
Intrinsèque pérennité du mauvais vouloir en général ou du péché spontanément originaire, et réserve de circonstances atténuantes pour le simple mauvais vouloir accidentel..	8
Trois classes d'êtres personnels : les divins, les angéliques et les humains, et leurs propriétés.......................................	10
Distinction entre le premier et le second choix, et ses conséquences........................	11
Rôles respectifs initial ou final du bien et du mal..	13
Rapports formels des personnalités trois à trois, deux à deux ou une à une............	15
Du progrès ou regrès dans le bien ou le mal.	16
Exposition de la chute originaire.............	18
Bons ou mauvais effets de la chute originaire.	19

FIN DE LA TABLE.

ERRATA du précédent N° 8.

Pag. 35. lign. 11 : au lieu de composés, lisez composé.
— 52. — 11 : — de l'entendement, — entendement.
— 79. — 19 : — inclination, — inclinaison.
— 80. — 17 : — application. — explication.

En Vente chez SEGUIN, Libraire
rue Argenterie, 25, à Montpellier

OUVRAGES DU MÊME AUTEUR

Examen de la rationalité de la Doctrine Catholique. 1 vol. in-8°. 1849.

La clef de la Philosophie, ou la vérité sur l'Être et le Devenir. 1 vol. in-8°. 1851.

Traité des Facultés. 1 vol. in-8°. 1859.

De Categoriis. Dissertatio philosophica. 1 vol. in-8°. 1859.

Principes fondamentaux de Philosophie mathématique. 1 vol. in-8°. 1860.

De la pluralité des mondes. 1 vol. in-12. 1861.

Traité des Actes, Sommaire de Métaphysique. 1 vol. in-12. 1862.

ÉTUDES DE PHILOSOPHIE NATURELLE.

N° 1. Système des trois règnes de la nature. 1 vol. in-12. 1864.

N° 2. Réponse directe à M. Renan, ou démonstration philosophique de l'incarnation. 1 vol. in-12. 1864.

N° 3. De l'expérience de Monge au double point de vue expérimental et rationnel. 1 vol. in-12. 1869 (3e édition).

N° 4. De l'ordre et du mode de décomposition de la lumière par les prismes. 1 vol. in-12. 1870.

N° 5. De l'ordre et du mode de décomposition de la lumière par les prismes ; Nouvelles preuves à l'appui. 1 vol. in-12. 1872.

N° 6. Sens et rationalité du dogme eucharistique. 1 vol. in-12. 1872.

N° 7. Démonstration psychologique et expérimentale de l'existence de Dieu. 1 vol. in-12. 1873.

N° 8. De l'ordre et du mode de décomposition de la lumière par les bords minces. 1 vol. in-12.

N° 9. Le système du monde en quatre mots. 1 vol. in-12.

www.ingramcontent.com/pod-product-compliance
Lightning Source LLC
LaVergne TN
LVHW050648090426
835512LV00007B/1096